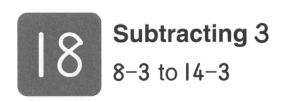

Subtracting 3

8-3 to 14-3

Name

Date

W9-CBE-299

■ Fill in the missing numbers and then subtract the numbers below.

20	19	18	17	16	15	14	13	12	
10	9	8	7	6	5	4	3	2	1

(1) 8 − 3 =

(2) 9 − 3 =

(3) 10 − 3 =

(4) 11 − 3 =

(5) 8 − 3 =

(6) 9 − 3 =

(7) 10 − 3 =

(8) 11 − 3 =

(9) 12 − 3 =

(10) 10 − 3 =

(11) 11 − 3 =

(12) 12 − 3 =

(13) 13 − 3 =

(14) 14 − 3 =

(15) 11 − 3 =

(16) 12 − 3 =

(17) 13 − 3 =

(18) 14 − 3 =

10-3 to 20-3

■ Fill in the missing numbers and then subtract the numbers below.

20	19	18	17						
			7	6	5	4	3	2	1

(1) $10 - 3 =$ (10) $19 - 3 =$

(2) $11 - 3 =$ (11) $20 - 3 =$

(3) $12 - 3 =$ (12) $14 - 3 =$

(4) $13 - 3 =$ (13) $15 - 3 =$

(5) $14 - 3 =$ (14) $16 - 3 =$

(6) $15 - 3 =$ (15) $17 - 3 =$

(7) $16 - 3 =$ (16) $18 - 3 =$

(8) $17 - 3 =$ (17) $19 - 3 =$

(9) $18 - 3 =$ (18) $20 - 3 =$

Subtracting 3

4-3 to 17-3

Name

Date

■ Fill in the missing numbers and then subtract the numbers below.

20	19	18	17	16	15	14	13	12	11
10	9	8	7	6	5	4	3	2	1

(1) $4 - 3 =$

(2) $5 - 3 =$

(3) $6 - 3 =$

(4) $7 - 3 =$

(5) $14 - 3 =$

(6) $15 - 3 =$

(7) $16 - 3 =$

(8) $17 - 3 =$

(9) $14 - 3 =$

(10) $6 - 3 =$

(11) $17 - 3 =$

(12) $4 - 3 =$

(13) $15 - 3 =$

(14) $7 - 3 =$

(15) $14 - 3 =$

(16) $16 - 3 =$

(17) $5 - 3 =$

(18) $15 - 3 =$

8-3 to 20-3

■ Subtract the numbers below.

(1) $8 - 3 =$

(2) $9 - 3 =$

(3) $10 - 3 =$

(4) $11 - 3 =$

(5) $12 - 3 =$

(6) $13 - 3 =$

(7) $18 - 3 =$

(8) $19 - 3 =$

(9) $20 - 3 =$

(10) $9 - 3 =$

(11) $12 - 3 =$

(12) $10 - 3 =$

(13) $20 - 3 =$

(14) $8 - 3 =$

(15) $14 - 3 =$

(16) $11 - 3 =$

(17) $18 - 3 =$

(18) $12 - 3 =$

(19) $19 - 3 =$

(20) $11 - 3 =$

Name

Date

■ Subtract the numbers below.

(1)　　$5 - 3 =$

(2)　　$16 - 3 =$

(3)　　$9 - 3 =$

(4)　　$10 - 3 =$

(5)　　$11 - 3 =$

(6)　　$7 - 3 =$

(7)　　$13 - 3 =$

(8)　　$19 - 3 =$

(9)　　$8 - 3 =$

(10)　　$14 - 3 =$

(11)　　$15 - 3 =$

(12)　　$6 - 3 =$

(13)　　$20 - 3 =$

(14)　　$11 - 3 =$

(15)　　$12 - 3 =$

(16)　　$4 - 3 =$

(17)　　$17 - 3 =$

(18)　　$18 - 3 =$

(19)　　$13 - 3 =$

(20)　　$10 - 3 =$

■ Subtract the numbers below.

(1) $7 - 3 =$

(2) $18 - 3 =$

(3) $11 - 3 =$

(4) $13 - 3 =$

(5) $6 - 3 =$

(6) $12 - 3 =$

(7) $20 - 3 =$

(8) $5 - 3 =$

(9) $16 - 3 =$

(10) $15 - 3 =$

(11) $10 - 3 =$

(12) $12 - 3 =$

(13) $19 - 3 =$

(14) $4 - 3 =$

(15) $20 - 3 =$

(16) $11 - 3 =$

(17) $8 - 3 =$

(18) $14 - 3 =$

(19) $17 - 3 =$

(20) $9 - 3 =$

21 Review
Subtracting 1 and 2

Name

Date

To parents
Starting with this page, your child will review subtracting 1, 2, and 3. If your child is unsure of his or her answer, please encourage him or her to check the result by adding it to the number subtracted. If your child is correct, the new result will be the original number from which a number was subtracted.

■ Subtract the numbers below.

(1) $2 - 1 =$

(2) $3 - 1 =$

(3) $3 - 2 =$

(4) $4 - 1 =$

(5) $4 - 2 =$

(6) $5 - 1 =$

(7) $5 - 2 =$

(8) $6 - 1 =$

(9) $6 - 2 =$

(10) $7 - 1 =$

(11) $7 - 2 =$

(12) $8 - 1 =$

(13) $8 - 2 =$

(14) $9 - 1 =$

(15) $9 - 2 =$

(16) $10 - 1 =$

(17) $10 - 2 =$

(18) $11 - 1 =$

(19) $11 - 2 =$

(20) $12 - 1 =$

■ Subtract the numbers below.

(1) $12 - 1 =$

(2) $12 - 2 =$

(3) $13 - 1 =$

(4) $13 - 2 =$

(5) $14 - 1 =$

(6) $14 - 2 =$

(7) $15 - 1 =$

(8) $15 - 2 =$

(9) $16 - 1 =$

(10) $16 - 2 =$

(11) $17 - 1 =$

(12) $17 - 2 =$

(13) $18 - 1 =$

(14) $18 - 2 =$

(15) $19 - 1 =$

(16) $19 - 2 =$

(17) $20 - 1 =$

(18) $20 - 2 =$

(19) $11 - 1 =$

(20) $11 - 2 =$

Name

Date

■ Subtract the numbers below.

(1) $2 - 1 =$

(2) $3 - 1 =$

(3) $3 - 2 =$

(4) $4 - 1 =$

(5) $4 - 2 =$

(6) $4 - 3 =$

(7) $5 - 1 =$

(8) $5 - 2 =$

(9) $5 - 3 =$

(10) $6 - 1 =$

(11) $6 - 2 =$

(12) $6 - 3 =$

(13) $7 - 1 =$

(14) $7 - 2 =$

(15) $7 - 3 =$

(16) $8 - 1 =$

(17) $8 - 2 =$

(18) $8 - 3 =$

(19) $9 - 1 =$

(20) $9 - 2 =$

■ Subtract the numbers below.

(1) $9 - 1 =$ (11) $12 - 2 =$

(2) $9 - 2 =$ (12) $12 - 3 =$

(3) $9 - 3 =$ (13) $13 - 1 =$

(4) $10 - 1 =$ (14) $13 - 2 =$

(5) $10 - 2 =$ (15) $13 - 3 =$

(6) $10 - 3 =$ (16) $14 - 1 =$

(7) $11 - 1 =$ (17) $14 - 2 =$

(8) $11 - 2 =$ (18) $14 - 3 =$

(9) $11 - 3 =$ (19) $15 - 1 =$

(10) $12 - 1 =$ (20) $15 - 2 =$

Name

Date

■ Subtract the numbers below.

(1) $15 - 1 =$

(2) $15 - 2 =$

(3) $15 - 3 =$

(4) $16 - 1 =$

(5) $16 - 2 =$

(6) $16 - 3 =$

(7) $17 - 1 =$

(8) $17 - 2 =$

(9) $17 - 3 =$

(10) $18 - 1 =$

(11) $18 - 2 =$

(12) $18 - 3 =$

(13) $19 - 1 =$

(14) $19 - 2 =$

(15) $19 - 3 =$

(16) $20 - 1 =$

(17) $20 - 2 =$

(18) $20 - 3 =$

(19) $12 - 2 =$

(20) $12 - 3 =$

■ Subtract the numbers below.

(1) 7 − 1 =

(2) 12 − 2 =

(3) 9 − 2 =

(4) 10 − 1 =

(5) 8 − 3 =

(6) 12 − 3 =

(7) 7 − 2 =

(8) 10 − 3 =

(9) 8 − 2 =

(10) 11 − 2 =

(11) 8 − 1 =

(12) 11 − 3 =

(13) 6 − 3 =

(14) 12 − 1 =

(15) 7 − 3 =

(16) 10 − 2 =

(17) 9 − 3 =

(18) 11 − 1 =

(19) 9 − 1 =

(20) 6 − 2 =

Subtracting 4

5-2 to 10-4

Name

Date

To parents
Starting with this page, your child will learn to subtract the number 4. If your child is confused or seems to be having trouble, please encourage him or her to return to the previous section before going any further.

■ Fill in the missing numbers and then subtract the numbers below.

| 10 | 9 | 8 | 7 | 6 | | | | |

(1) $5 - 2 =$

(2) $5 - 3 =$

(3) $5 - 4 =$

(4) $6 - 2 =$

(5) $6 - 3 =$

(6) $6 - 4 =$

(7) $7 - 2 =$

(8) $7 - 3 =$

(9) $7 - 4 =$

(10) $8 - 2 =$

(11) $8 - 3 =$

(12) $8 - 4 =$

(13) $9 - 1 =$

(14) $9 - 2 =$

(15) $9 - 3 =$

(16) $9 - 4 =$

(17) $10 - 1 =$

(18) $10 - 2 =$

(19) $10 - 3 =$

(20) $10 - 4 =$

■ Fill in the missing numbers and then subtract the numbers below.

20	19	18	17	16	15	14	13	12	11
	9		7		5		3		1

(1) $5 - 4 =$

(2) $6 - 4 =$

(3) $7 - 4 =$

(4) $8 - 4 =$

(5) $9 - 4 =$

(6) $10 - 4 =$

(7) $11 - 2 =$

(8) $11 - 3 =$

(9) $11 - 4 =$

(10) $12 - 2 =$

(11) $12 - 3 =$

(12) $12 - 4 =$

(13) $13 - 2 =$

(14) $13 - 3 =$

(15) $13 - 4 =$

(16) $14 - 2 =$

(17) $14 - 3 =$

(18) $14 - 4 =$

Name

Date

■ Fill in the missing numbers and then subtract the numbers below.

20	19	18	17	16		14		12
10		8		6	5	4	3	2	1

(1)　10 − 4 =

(2)　11 − 4 =

(3)　12 − 4 =

(4)　13 − 4 =

(5)　14 − 4 =

(6)　15 − 2 =

(7)　15 − 3 =

(8)　15 − 4 =

(9)　16 − 2 =

(10)　16 − 3 =

(11)　16 − 4 =

(12)　17 − 2 =

(13)　17 − 3 =

(14)　17 − 4 =

(15)　18 − 1 =

(16)　18 − 2 =

(17)　18 − 3 =

(18)　18 − 4 =

■ Subtract the numbers below.

(1) $13 - 4 =$

(2) $14 - 4 =$

(3) $15 - 4 =$

(4) $16 - 4 =$

(5) $17 - 4 =$

(6) $18 - 4 =$

(7) $19 - 2 =$

(8) $19 - 3 =$

(9) $19 - 4 =$

(10) $20 - 2 =$

(11) $20 - 3 =$

(12) $20 - 4 =$

(13) $14 - 4 =$

(14) $16 - 4 =$

(15) $17 - 4 =$

(16) $20 - 4 =$

(17) $15 - 4 =$

(18) $18 - 4 =$

(19) $19 - 4 =$

(20) $13 - 4 =$

26 Subtracting 4
5–3 to 14–4

Name

Date

■ Subtract the numbers below.

(1) $5 - 3 =$

(2) $5 - 4 =$

(3) $6 - 3 =$

(4) $6 - 4 =$

(5) $7 - 3 =$

(6) $7 - 4 =$

(7) $8 - 3 =$

(8) $8 - 4 =$

(9) $9 - 3 =$

(10) $9 - 4 =$

(11) $10 - 3 =$

(12) $10 - 4 =$

(13) $11 - 3 =$

(14) $11 - 4 =$

(15) $12 - 3 =$

(16) $12 - 4 =$

(17) $13 - 3 =$

(18) $13 - 4 =$

(19) $14 - 3 =$

(20) $14 - 4 =$

15-3 to 20-4

■ Subtract the numbers below.

(1) $15 - 3 =$

(2) $15 - 4 =$

(3) $16 - 3 =$

(4) $16 - 4 =$

(5) $17 - 3 =$

(6) $17 - 4 =$

(7) $18 - 3 =$

(8) $18 - 4 =$

(9) $19 - 3 =$

(10) $19 - 4 =$

(11) $20 - 3 =$

(12) $20 - 4 =$

(13) $10 - 4 =$

(14) $8 - 4 =$

(15) $11 - 4 =$

(16) $5 - 4 =$

(17) $12 - 4 =$

(18) $7 - 4 =$

(19) $6 - 4 =$

(20) $9 - 4 =$

Name

Date

■ Subtract the numbers below.

(1) $17 - 4 =$

(2) $5 - 4 =$

(3) $11 - 4 =$

(4) $6 - 4 =$

(5) $14 - 4 =$

(6) $8 - 4 =$

(7) $20 - 4 =$

(8) $12 - 4 =$

(9) $16 - 4 =$

(10) $14 - 4 =$

(11) $7 - 4 =$

(12) $18 - 4 =$

(13) $12 - 4 =$

(14) $10 - 4 =$

(15) $15 - 4 =$

(16) $13 - 4 =$

(17) $9 - 4 =$

(18) $19 - 4 =$

(19) $11 - 4 =$

(20) $13 - 4 =$

■ Subtract the numbers below.

(1) $16 - 4 =$

(2) $12 - 4 =$

(3) $5 - 4 =$

(4) $15 - 4 =$

(5) $7 - 4 =$

(6) $10 - 4 =$

(7) $17 - 4 =$

(8) $11 - 4 =$

(9) $19 - 4 =$

(10) $13 - 4 =$

(11) $14 - 4 =$

(12) $8 - 4 =$

(13) $6 - 4 =$

(14) $13 - 4 =$

(15) $11 - 4 =$

(16) $18 - 4 =$

(17) $9 - 4 =$

(18) $20 - 4 =$

(19) $12 - 4 =$

(20) $14 - 4 =$

Subtracting 5

6–3 to 10–5

Name

Date

To parents
Starting with this page, your child will learn to subtract the number 5. If your child is confused or seems to be having trouble, please encourage him or her to return to the previous section before going any further.

■ Fill in the missing numbers and then subtract the numbers below.

10	9								

(1) $6 - 3 =$

(2) $6 - 4 =$

(3) $6 - 5 =$

(4) $7 - 3 =$

(5) $7 - 4 =$

(6) $7 - 5 =$

(7) $8 - 2 =$

(8) $8 - 3 =$

(9) $8 - 4 =$

(10) $8 - 5 =$

(11) $9 - 1 =$

(12) $9 - 2 =$

(13) $9 - 3 =$

(14) $9 - 4 =$

(15) $9 - 5 =$

(16) $10 - 1 =$

(17) $10 - 2 =$

(18) $10 - 3 =$

(19) $10 - 4 =$

(20) $10 - 5 =$

■ Fill in the missing numbers and then subtract the numbers below.

20	19	18	17	16	15	14	13	12	

(1) $6 - 5 =$

(2) $7 - 5 =$

(3) $8 - 5 =$

(4) $9 - 5 =$

(5) $10 - 5 =$

(6) $11 - 3 =$

(7) $11 - 4 =$

(8) $11 - 5 =$

(9) $12 - 3 =$

(10) $12 - 4 =$

(11) $12 - 5 =$

(12) $13 - 3 =$

(13) $13 - 4 =$

(14) $13 - 5 =$

(15) $14 - 2 =$

(16) $14 - 3 =$

(17) $14 - 4 =$

(18) $14 - 5 =$

Subtracting 5

15–3 to 18–5

Name

Date

■ Fill in the missing numbers and then subtract the numbers below.

20								

(1) 11 – 5 =

(2) 12 – 5 =

(3) 13 – 5 =

(4) 14 – 5 =

(5) 15 – 3 =

(6) 15 – 4 =

(7) 15 – 5 =

(8) 16 – 3 =

(9) 16 – 4 =

(10) 16 – 5 =

(11) 17 – 3 =

(12) 17 – 4 =

(13) 17 – 5 =

(14) 18 – 1 =

(15) 18 – 2 =

(16) 18 – 3 =

(17) 18 – 4 =

(18) 18 – 5 =

■ Subtract the numbers below.

(1) $14 - 5 =$

(2) $15 - 5 =$

(3) $16 - 5 =$

(4) $17 - 5 =$

(5) $18 - 5 =$

(6) $19 - 3 =$

(7) $19 - 4 =$

(8) $19 - 5 =$

(9) $20 - 3 =$

(10) $20 - 4 =$

(11) $20 - 5 =$

(12) $19 - 5 =$

(13) $14 - 5 =$

(14) $15 - 5 =$

(15) $19 - 5 =$

(16) $17 - 5 =$

(17) $20 - 5 =$

(18) $16 - 5 =$

(19) $20 - 5 =$

(20) $18 - 5 =$

30 Subtracting 5

6−4 to 15−5

Name

Date

■ Subtract the numbers below.

(1) 6 − 4 =

(2) 6 − 5 =

(3) 7 − 4 =

(4) 7 − 5 =

(5) 8 − 4 =

(6) 8 − 5 =

(7) 9 − 4 =

(8) 9 − 5 =

(9) 10 − 4 =

(10) 10 − 5 =

(11) 11 − 4 =

(12) 11 − 5 =

(13) 12 − 4 =

(14) 12 − 5 =

(15) 13 − 4 =

(16) 13 − 5 =

(17) 14 − 4 =

(18) 14 − 5 =

(19) 15 − 4 =

(20) 15 − 5 =

■ Subtract the numbers below.

(1) $16 - 4 =$

(2) $16 - 5 =$

(3) $17 - 4 =$

(4) $17 - 5 =$

(5) $18 - 4 =$

(6) $18 - 5 =$

(7) $19 - 4 =$

(8) $19 - 5 =$

(9) $20 - 4 =$

(10) $20 - 5 =$

(11) $15 - 5 =$

(12) $11 - 5 =$

(13) $13 - 5 =$

(14) $6 - 5 =$

(15) $12 - 5 =$

(16) $8 - 5 =$

(17) $10 - 5 =$

(18) $7 - 5 =$

(19) $14 - 5 =$

(20) $9 - 5 =$

61

■ Subtract the numbers below.

(1) 10 − 5 =

(2) 16 − 5 =

(3) 18 − 5 =

(4) 13 − 5 =

(5) 8 − 5 =

(6) 11 − 5 =

(7) 14 − 5 =

(8) 7 − 5 =

(9) 20 − 5 =

(10) 12 − 5 =

(11) 17 − 5 =

(12) 12 − 5 =

(13) 6 − 5 =

(14) 10 − 5 =

(15) 14 − 5 =

(16) 9 − 5 =

(17) 13 − 5 =

(18) 15 − 5 =

(19) 11 − 5 =

(20) 19 − 5 =

■ Subtract the numbers below.

(1) $16 - 5 =$

(2) $20 - 5 =$

(3) $11 - 5 =$

(4) $15 - 5 =$

(5) $14 - 5 =$

(6) $7 - 5 =$

(7) $18 - 5 =$

(8) $14 - 5 =$

(9) $9 - 5 =$

(10) $13 - 5 =$

(11) $8 - 5 =$

(12) $12 - 5 =$

(13) $13 - 5 =$

(14) $19 - 5 =$

(15) $20 - 5 =$

(16) $6 - 5 =$

(17) $12 - 5 =$

(18) $17 - 5 =$

(19) $10 - 5 =$

(20) $14 - 5 =$

32 Review
Subtracting 4 and 5

Name

Date

■ Subtract the numbers below.

(1) $5 - 4 =$

(2) $6 - 4 =$

(3) $6 - 5 =$

(4) $7 - 4 =$

(5) $7 - 5 =$

(6) $8 - 4 =$

(7) $8 - 5 =$

(8) $9 - 4 =$

(9) $9 - 5 =$

(10) $10 - 4 =$

(11) $10 - 5 =$

(12) $11 - 4 =$

(13) $11 - 5 =$

(14) $12 - 4 =$

(15) $12 - 5 =$

(16) $13 - 4 =$

(17) $13 - 5 =$

(18) $14 - 4 =$

(19) $14 - 5 =$

(20) $5 - 4 =$

■ Subtract the numbers below.

(1) $15 - 4 =$

(2) $15 - 5 =$

(3) $16 - 4 =$

(4) $16 - 5 =$

(5) $17 - 4 =$

(6) $17 - 5 =$

(7) $18 - 4 =$

(8) $18 - 5 =$

(9) $19 - 4 =$

(10) $19 - 5 =$

(11) $20 - 4 =$

(12) $20 - 5 =$

(13) $14 - 5 =$

(14) $14 - 4 =$

(15) $13 - 5 =$

(16) $13 - 4 =$

(17) $12 - 5 =$

(18) $12 - 4 =$

(19) $11 - 5 =$

(20) $11 - 4 =$

Name

Date

65

■ Subtract the numbers below.

(1) $5 - 4 =$

(2) $6 - 5 =$

(3) $10 - 4 =$

(4) $12 - 4 =$

(5) $12 - 5 =$

(6) $7 - 4 =$

(7) $11 - 4 =$

(8) $11 - 5 =$

(9) $9 - 4 =$

(10) $10 - 5 =$

(11) $13 - 4 =$

(12) $13 - 5 =$

(13) $11 - 4 =$

(14) $6 - 4 =$

(15) $7 - 5 =$

(16) $9 - 5 =$

(17) $8 - 4 =$

(18) $15 - 5 =$

(19) $14 - 4 =$

(20) $8 - 5 =$

■ Subtract the numbers below.

(1) $20 - 5 =$

(2) $15 - 4 =$

(3) $16 - 4 =$

(4) $20 - 4 =$

(5) $11 - 4 =$

(6) $17 - 5 =$

(7) $12 - 5 =$

(8) $19 - 4 =$

(9) $18 - 4 =$

(10) $13 - 5 =$

(11) $16 - 5 =$

(12) $12 - 4 =$

(13) $19 - 5 =$

(14) $17 - 4 =$

(15) $11 - 5 =$

(16) $14 - 4 =$

(17) $13 - 4 =$

(18) $15 - 5 =$

(19) $18 - 5 =$

(20) $14 - 5 =$

Review
Subtracting 4 and 5

■ Subtract the numbers below.

(1) $6 - 4 =$

(2) $14 - 4 =$

(3) $7 - 5 =$

(4) $12 - 4 =$

(5) $13 - 5 =$

(6) $5 - 4 =$

(7) $9 - 5 =$

(8) $12 - 5 =$

(9) $9 - 4 =$

(10) $10 - 5 =$

(11) $6 - 5 =$

(12) $7 - 4 =$

(13) $14 - 5 =$

(14) $11 - 5 =$

(15) $8 - 4 =$

(16) $11 - 4 =$

(17) $15 - 5 =$

(18) $10 - 4 =$

(19) $8 - 5 =$

(20) $13 - 4 =$

■ Subtract the numbers below.

(1) $15 - 4 =$

(2) $17 - 4 =$

(3) $11 - 4 =$

(4) $20 - 5 =$

(5) $16 - 4 =$

(6) $18 - 5 =$

(7) $15 - 5 =$

(8) $11 - 5 =$

(9) $17 - 5 =$

(10) $14 - 4 =$

(11) $20 - 4 =$

(12) $14 - 5 =$

(13) $19 - 5 =$

(14) $12 - 4 =$

(15) $16 - 4 =$

(16) $13 - 5 =$

(17) $18 - 4 =$

(18) $16 - 5 =$

(19) $12 - 5 =$

(20) $19 - 4 =$

Review
Subtracting 1 and 2

Name

Date

To parents
Starting with this page, your child will review subtraction formulas taught in this workbook. If your child is confused or seems to be having trouble, please encourage him or her to review the previous sections. Once your child can complete this exercise with ease, it means he or she thoroughly understands the concept of subtracting 1 through 5 from other numbers. Please give your child lots of praise.

■ Subtract the numbers below.

(1) $5 - 1 =$

(2) $4 - 1 =$

(3) $9 - 1 =$

(4) $2 - 1 =$

(5) $7 - 1 =$

(6) $3 - 1 =$

(7) $8 - 1 =$

(8) $6 - 1 =$

(9) $11 - 1 =$

(10) $10 - 1 =$

(11) $8 - 2 =$

(12) $10 - 2 =$

(13) $11 - 2 =$

(14) $5 - 2 =$

(15) $9 - 2 =$

(16) $4 - 2 =$

(17) $7 - 2 =$

(18) $3 - 2 =$

(19) $6 - 2 =$

(20) $12 - 2 =$

Subtracting 1, 2, and 3

■ Subtract the numbers below.

(1)   6 − 3 =

(2)   4 − 3 =

(3)   13 − 3 =

(4)   8 − 3 =

(5)   5 − 3 =

(6)   10 − 3 =

(7)   7 − 3 =

(8)   11 − 3 =

(9)   12 − 3 =

(10)   9 − 3 =

(11)   5 − 1 =

(12)   6 − 3 =

(13)   5 − 3 =

(14)   4 − 2 =

(15)   2 − 1 =

(16)   4 − 1 =

(17)   3 − 2 =

(18)   4 − 3 =

(19)   3 − 1 =

(20)   5 − 2 =

36 Review
Subtracting 1, 2, and 3

Name

Date

■ Subtract the numbers below.

(1) $7 - 1 =$

(2) $15 - 3 =$

(3) $18 - 2 =$

(4) $17 - 2 =$

(5) $11 - 1 =$

(6) $11 - 2 =$

(7) $11 - 3 =$

(8) $20 - 1 =$

(9) $19 - 1 =$

(10) $8 - 3 =$

(11) $19 - 3 =$

(12) $17 - 2 =$

(13) $16 - 1 =$

(14) $15 - 2 =$

(15) $15 - 1 =$

(16) $8 - 1 =$

(17) $18 - 3 =$

(18) $12 - 2 =$

(19) $12 - 3 =$

(20) $16 - 3 =$

■ Subtract the numbers below.

(1) $9 - 1 =$

(2) $20 - 2 =$

(3) $14 - 2 =$

(4) $14 - 3 =$

(5) $16 - 2 =$

(6) $8 - 2 =$

(7) $9 - 3 =$

(8) $18 - 1 =$

(9) $10 - 1 =$

(10) $13 - 1 =$

(11) $9 - 2 =$

(12) $19 - 2 =$

(13) $10 - 3 =$

(14) $13 - 2 =$

(15) $12 - 1 =$

(16) $17 - 3 =$

(17) $20 - 3 =$

(18) $14 - 1 =$

(19) $10 - 2 =$

(20) $13 - 3 =$

Name

Date

■ Subtract the numbers below.

(1)　$9 - 1 =$

(2)　$7 - 3 =$

(3)　$6 - 3 =$

(4)　$9 - 4 =$

(5)　$4 - 1 =$

(6)　$5 - 4 =$

(7)　$9 - 2 =$

(8)　$12 - 4 =$

(9)　$12 - 5 =$

(10)　$13 - 5 =$

(11)　$8 - 3 =$

(12)　$4 - 2 =$

(13)　$7 - 4 =$

(14)　$9 - 3 =$

(15)　$7 - 1 =$

(16)　$6 - 5 =$

(17)　$7 - 2 =$

(18)　$3 - 2 =$

(19)　$2 - 1 =$

(20)　$8 - 5 =$

■ Subtract the numbers below.

(1) 10 − 2 =

(2) 3 − 1 =

(3) 11 − 3 =

(4) 11 − 4 =

(5) 11 − 5 =

(6) 8 − 2 =

(7) 8 − 1 =

(8) 7 − 5 =

(9) 4 − 3 =

(10) 10 − 5 =

(11) 5 − 1 =

(12) 6 − 1 =

(13) 10 − 4 =

(14) 6 − 2 =

(15) 10 − 3 =

(16) 8 − 4 =

(17) 5 − 3 =

(18) 9 − 5 =

(19) 5 − 2 =

(20) 6 − 4 =

Name

Date

■ Subtract the numbers below.

(1) $10 - 1 =$

(2) $11 - 1 =$

(3) $19 - 5 =$

(4) $17 - 2 =$

(5) $17 - 5 =$

(6) $14 - 1 =$

(7) $7 - 3 =$

(8) $19 - 4 =$

(9) $14 - 2 =$

(10) $18 - 4 =$

(11) $12 - 3 =$

(12) $15 - 2 =$

(13) $14 - 4 =$

(14) $13 - 4 =$

(15) $16 - 1 =$

(16) $15 - 3 =$

(17) $13 - 2 =$

(18) $20 - 5 =$

(19) $16 - 5 =$

(20) $18 - 3 =$

■ Subtract the numbers below.

(1) 16 − 3 =

(2) 13 − 1 =

(3) 18 − 5 =

(4) 15 − 5 =

(5) 14 − 5 =

(6) 9 − 1 =

(7) 11 − 3 =

(8) 14 − 3 =

(9) 13 − 5 =

(10) 15 − 1 =

(11) 13 − 3 =

(12) 16 − 2 =

(13) 15 − 4 =

(14) 12 − 2 =

(15) 11 − 2 =

(16) 10 − 2 =

(17) 12 − 4 =

(18) 17 − 4 =

(19) 12 − 1 =

(20) 16 − 4 =

Review

Subtracting 1 through 5

Name

Date

■ Subtract the numbers below.

(1) 11 − 1 =

(2) 17 − 4 =

(3) 13 − 3 =

(4) 19 − 5 =

(5) 18 − 1 =

(6) 17 − 2 =

(7) 19 − 2 =

(8) 14 − 4 =

(9) 20 − 4 =

(10) 19 − 4 =

(11) 15 − 5 =

(12) 12 − 2 =

(13) 18 − 3 =

(14) 20 − 1 =

(15) 14 − 3 =

(16) 16 − 2 =

(17) 18 − 5 =

(18) 20 − 3 =

(19) 16 − 5 =

(20) 15 − 1 =

■ Subtract the numbers below.

(1) $17 - 1 =$

(2) $20 - 2 =$

(3) $15 - 2 =$

(4) $15 - 4 =$

(5) $13 - 1 =$

(6) $17 - 3 =$

(7) $18 - 4 =$

(8) $20 - 5 =$

(9) $15 - 3 =$

(10) $19 - 1 =$

(11) $19 - 3 =$

(12) $14 - 1 =$

(13) $17 - 5 =$

(14) $13 - 2 =$

(15) $18 - 2 =$

(16) $16 - 3 =$

(17) $14 - 2 =$

(18) $12 - 1 =$

(19) $16 - 4 =$

(20) $16 - 1 =$

Name

Date

■ Subtract the numbers below.

(1) $6 - 1 =$

(2) $10 - 4 =$

(3) $8 - 3 =$

(4) $11 - 4 =$

(5) $10 - 5 =$

(6) $12 - 1 =$

(7) $16 - 5 =$

(8) $14 - 3 =$

(9) $13 - 3 =$

(10) $7 - 2 =$

(11) $14 - 2 =$

(12) $10 - 2 =$

(13) $7 - 1 =$

(14) $11 - 5 =$

(15) $11 - 2 =$

(16) $16 - 4 =$

(17) $9 - 3 =$

(18) $13 - 1 =$

(19) $17 - 5 =$

(20) $14 - 4 =$

■ Subtract the numbers below.

(1) $8 - 1 =$

(2) $12 - 2 =$

(3) $8 - 2 =$

(4) $15 - 3 =$

(5) $14 - 5 =$

(6) $10 - 3 =$

(7) $11 - 1 =$

(8) $13 - 5 =$

(9) $9 - 4 =$

(10) $13 - 4 =$

(11) $10 - 1 =$

(12) $15 - 4 =$

(13) $9 - 1 =$

(14) $12 - 4 =$

(15) $13 - 2 =$

(16) $12 - 5 =$

(17) $11 - 3 =$

(18) $15 - 5 =$

(19) $9 - 2 =$

(20) $12 - 3 =$

KUM◯N

Certificate of Achievement

is hereby congratulated on completing

My Book of Simple Subtraction

Presented on _____ , 20____

10 − 5 = 5

_____
Parent or Guardian